Impressum
Verlag: BABADADA GmbH, Nedderfeld 112 , 22529 Hamburg
Geschäftsführer / Verlagsleitung: Harald Hof
Druck: Books on Demand GmbH, In de Tarpen 42, 22848 Norderstedt

Imprint
Publisher: BABADADA GmbH, Nedderfeld 112 , 22529 Hamburg, Germany
Managing Director / Publishing direction: Harald Hof
Print: Books on Demand GmbH, In de Tarpen 42, 22848 Norderstedt

école

xue xiao

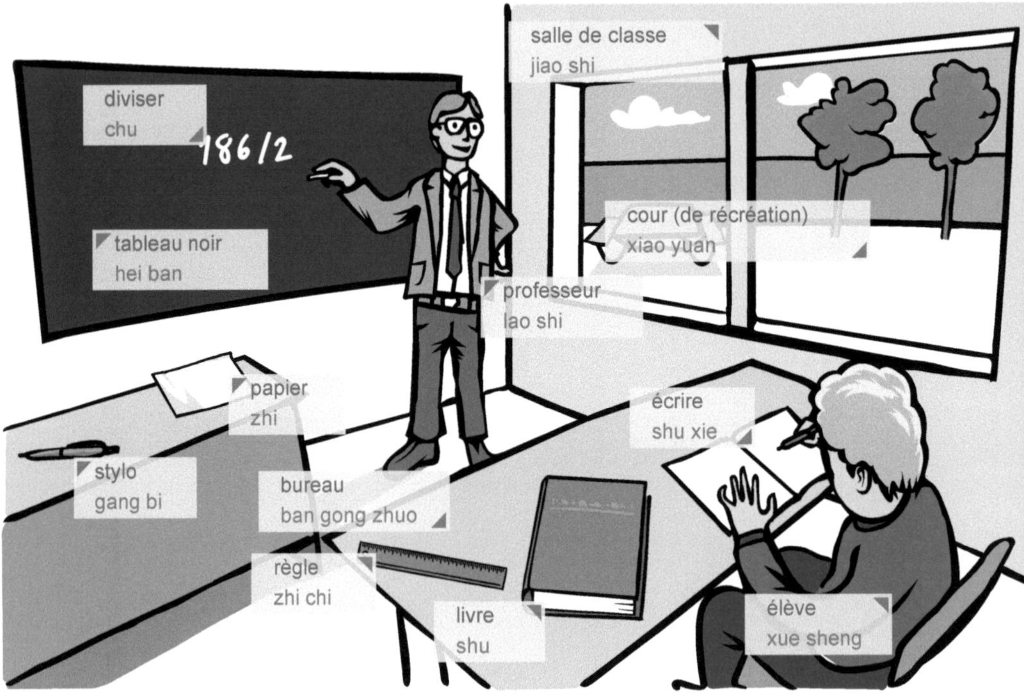

salle de classe
jiao shi
diviser
chu
186/2
tableau noir
hei ban
cour (de récréation)
xiao yuan
professeur
lao shi
papier
zhi
écrire
shu xie
stylo
gang bi
bureau
ban gong zhuo
règle
zhi chi
livre
shu
élève
xue sheng

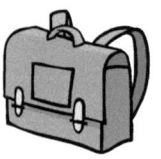

cartable

shu bao

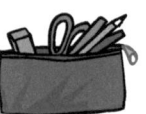

trousse

qian bi he

crayon

qian bi

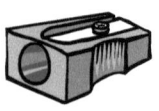

taille-crayon

juan bi dao

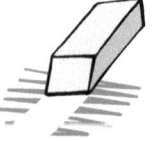

gomme

xiang pi ca

carnet à dessin

hua ban

dessin

tu hua

pinceau

hua bi

boîte de peinture

yan liao he

ciseaux

jian dao

colle

jiao shui

cahier d'exercices

lian xi ce

devoirs

jia ting zuo ye

12

chiffre

shu zi

2+2

additionner

jia

5-2

soustraire

jian

2×2

multiplier

cheng

calculer

ji suan

A

lettre

zi mu

ABCDEFG HIJKLMN OPQRSTU VWXYZ

alphabet

zi mu biao

mot

zi

texte

ke wen

lire

du

craie

fen bi

leçon

shang ke

livre de classe

deng ji

examen

kao shi

certificat

zheng shu

uniforme scolaire

xiao fu

formation

jiao yu

lexique

bai ke quan shu

université

da xue

microscope

xian wei jing

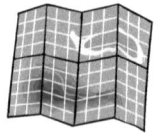

carte

di tu

corbeille à papier

fei zhi kuang

voyage
lü xing

hôtel
jiu dian
Grand
auberge
qing nian lü xing she
bureau de change
wai bi dui huan chu
valise
shou ti xiang
voiture
qi che

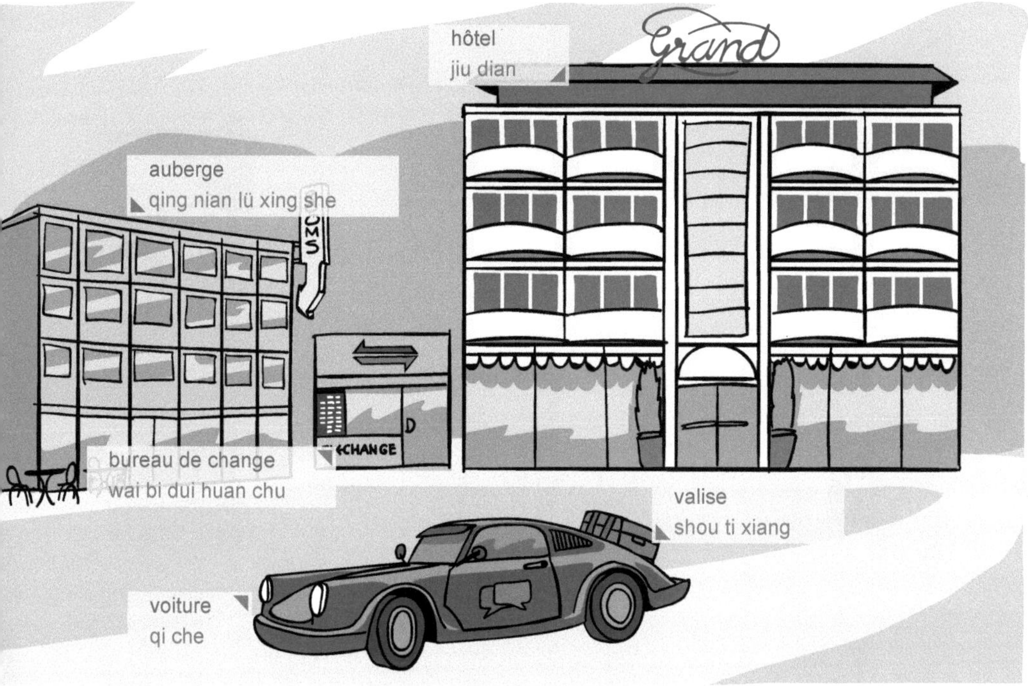

langue

yu yan

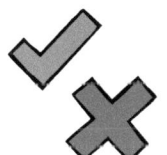

oui / non

shi/fou

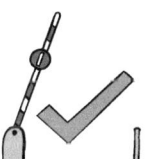

d'accord

hao de

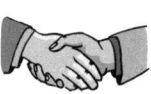

Salut

nin hao

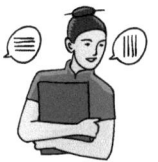

interprète

fan yi yuan

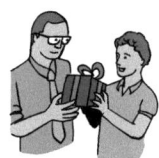

merci

xie xie

Combien coûte...?

......duo shao qian?

Je ne comprends pas

wo bu ming bai

problème

wen ti

Bonsoir !

wan shang hao!

Bonjour !

zao shang hao!

Bonne nuit !

wan an!

Au revoir

zai jian

direction

fang xiang

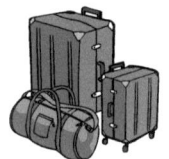

bagages

xing li

sac

bao

sac-à-dos

shuang jian bao

hôte

ke ren

pièce

fang jian

sac de couchage

shui dai

tente

zhang peng

office de tourisme

lü you xin xi

plage

hai tan

carte de crédit

xin yong ka

petit-déjeuner

zao can

déjeuner

wu can

dîner

wan can

billet

piao

ascenseur

dian ti

timbre

you piao

frontière

bian jie

douane

hai guan

ambassade

da shi guan

visa

qian zheng

passeport

hu zhao

transport
jiao tong yun shu

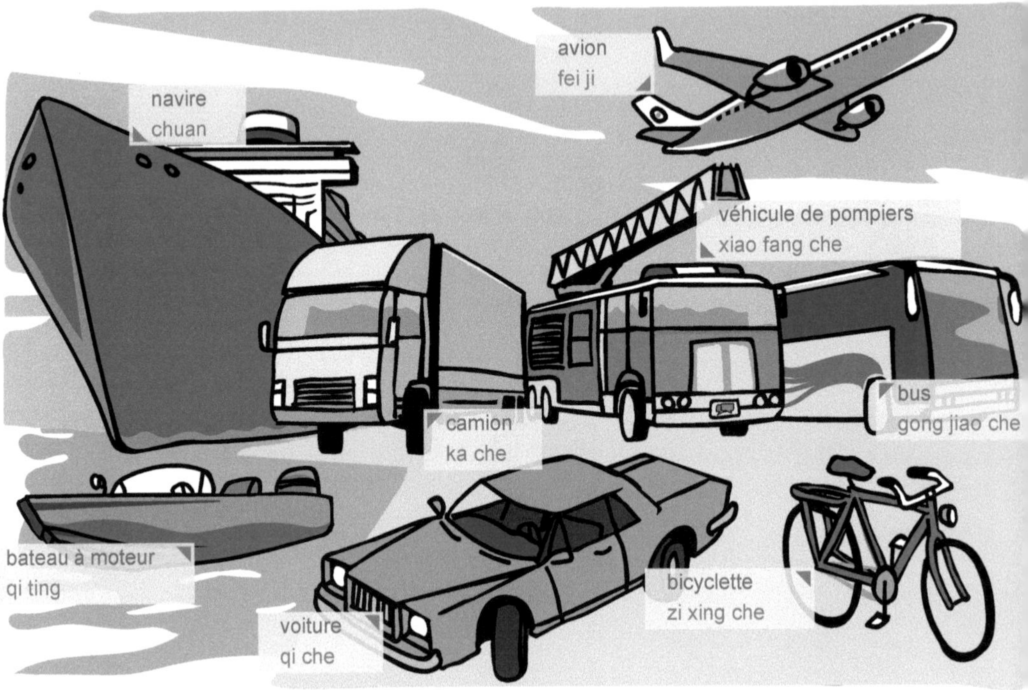
avion
fei ji
navire
chuan
véhicule de pompiers
xiao fang che
bus
gong jiao che
camion
ka che
bateau à moteur
qi ting
bicyclette
zi xing che
voiture
qi che

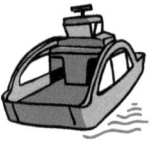

ferry

bai du chuan

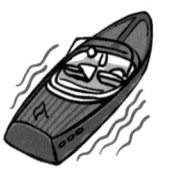

barque

xiao chuan

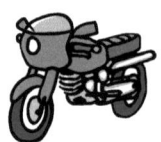

moto

mo tuo che

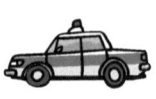

voiture de police

jing che

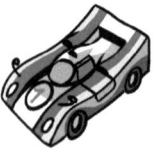

voiture de course

sai che

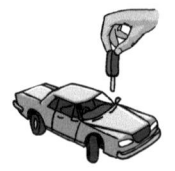

voiture de location

zu che

auto-partage

pin che

voiture de remorquage

tuo che

benne à ordures

la ji che

moteur

fa dong ji

essence

qi you

station d'essence

jia you zhan

panneau indicateur

jiao tong biao zhi

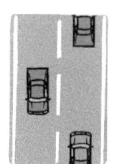

trafic

jiao tong

embouteillage

jiao tong du sai

parking

ting che chang

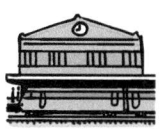

gare

huo che zhan

rails

gui dao

train

huo che

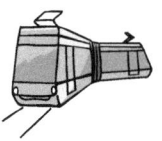

tramway

dian che

wagon

huo che

hélicoptère

zhi sheng ji

aéroport

ji chang

tour

ta

passager

cheng ke

conteneur

ji zhuang xiang

carton

zhi ban xiang

chariot

shou tui che

corbeille

lan zi

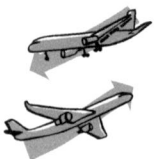

décoller / atterrir

qi fei/jiang luo

ville

cheng shi

village

cun zhuang

centre-ville

shi zhong xin

maison

fang zi

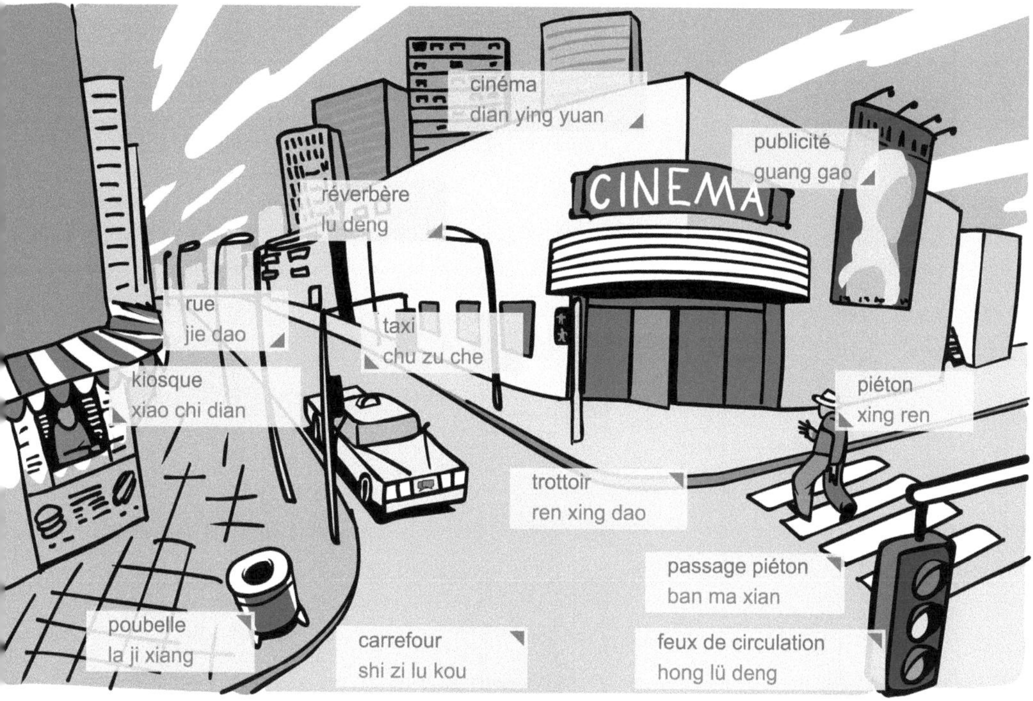

cinéma
dian ying yuan

publicité
guang gao

réverbère
lu deng

CINEMA

rue
jie dao

taxi
chu zu che

kiosque
xiao chi dian

piéton
xing ren

trottoir
ren xing dao

passage piéton
ban ma xian

poubelle
la ji xiang

carrefour
shi zi lu kou

feux de circulation
hong lü deng

cabane

xiao wu

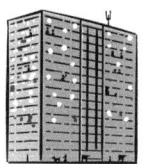

appartement

gong yu

gare

huo che zhan

mairie

shi zheng ting

musée

bo wu guan

école

xue xiao

ville - cheng shi

université

da xue

banque

yin hang

hôpital

yi yuan

hôtel

jiu dian

pharmacie

yao fang

bureau

ban gong shi

librairie

shu dian

magasin

shang dian

fleuriste

hua dian

supermarché

chao shi

marché

shi chang

grand magasin

bai huo shang dian

poissonnerie

yu dian

centre commercial

gou wu zhong xin

port

hai gang

parc

gong yuan

banque

chang deng

pont

qiao

escaliers

lou ti

métro

di tie

tunnel

sui dao

arrêt de bus

gong jiao che zhan

bar

jiu ba

restaurant

can guan

boîte à lettres

you tong

panneau indicateur

lu biao

parcmètre

ting che ji shi qi

zoo

dong wu yuan

piscine

you yong guan

mosquée

qing zhen si

ferme

nong chang

pollution

wu ran

cimetière

mu di

église

jiao tang

aire de jeux

cao chang

temple

si miao

paysage

di xing

feuille
shu ye

panneau indicateur
zhi shi pai

chemin
lu

pré
cao di

pierre
shi tou

arbre
shu

randonneur
tu bu lü xing zhe

rivière
he

herbe
cao

fleur
hua

vallée

xia gu

montagne

shan

lac

hu

forêt

sen lin

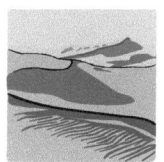

désert

sha mo

volcan

huo shan

château

cheng bao

arc-en-ciel

cai hong

champignon

mo gu

palmier

zong lü shu

moustique

wen zi

mouche

cang ying

fourmis

ma yi

abeille

mi feng

araignée

zhi zhu

coléoptère

jia chong

grenouille

qing wa

écureuil

song shu

hérisson

ci wei

lièvre

ye tu

chouette

mao tou ying

oiseau

niao

cygne

tian e

sanglier

ye zhu

cerf

lu

élan

mi lu

barrage

shui ba

éolienne

feng li fa dian ji

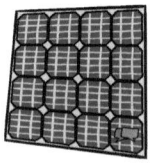

panneau solaire

tai yang neng dian chi ban

climat

qi hou

restaurant

can guan

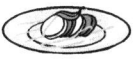

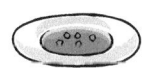

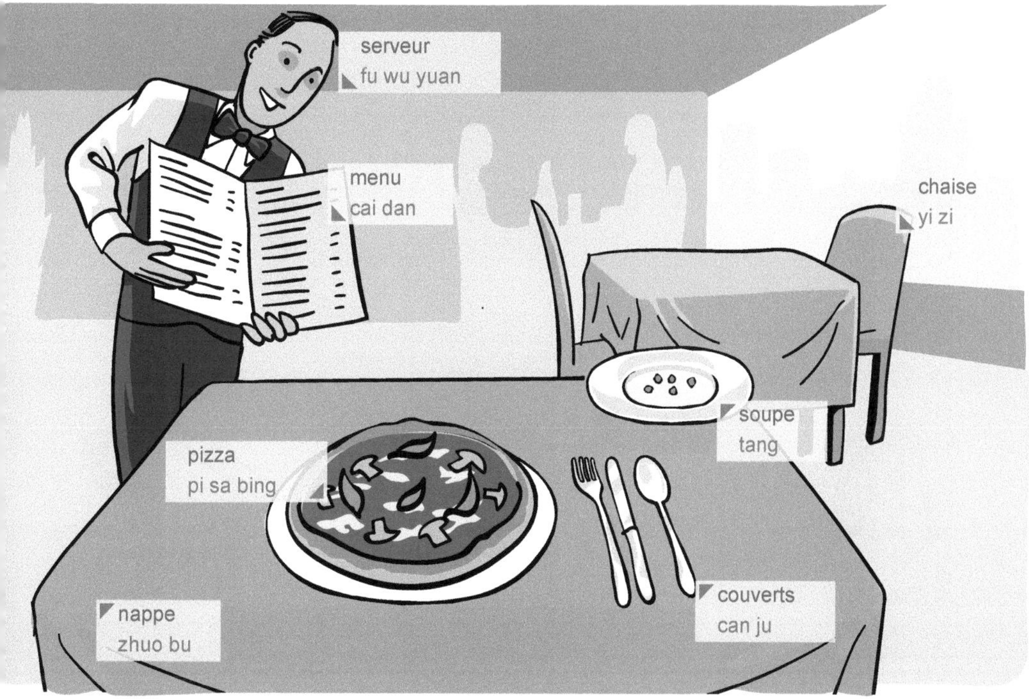
serveur
fu wu yuan
menu
cai dan
chaise
yi zi
soupe
tang
pizza
pi sa bing
couverts
can ju
nappe
zhuo bu

hors d'œuvre

qian cai

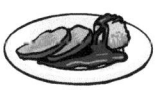

plat principal

zhu cai

dessert

tian dian

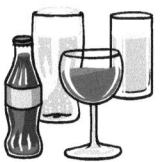

boissons

yin liao

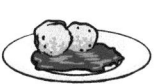

alimentation

shi wu

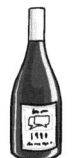

bouteille

ping zi

fast-food

kuai can

plats à emporter

jie bian xiao chi

théière

cha hu

sucrier

tang he

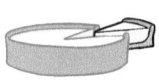

portion

yi fen fan cai

machine à expresso

yi shi ka fei ji

chaise haute

gao jiao yi

facture

zhang dan

plateau

tuo pan

couteau

dao

fourchette

can cha

cuillère

shao zi

cuillère à thé

cha chi

serviette

can jin

verre

bo li bei

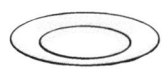

assiette

die zi

assiette à soupe

tang pan

soucoupe

die zi

sauce

jiang

salière

yan ping

moulin à poivre

hu jiao mo

vinaigre

cu

huile

shi yong you

épices

tiao wei liao

ketchup

fan qie jiang

moutarde

jie mo

mayonnaise

dan huang jiang

supermarché
chao shi

offre promotionnelle
te jia
client
gu ke
produits laitiers
ru zhi pin
chariot
gou wu che
fruits
shui guo
FOR

BUTCHERS

boucherie

rou pu

BAKERY

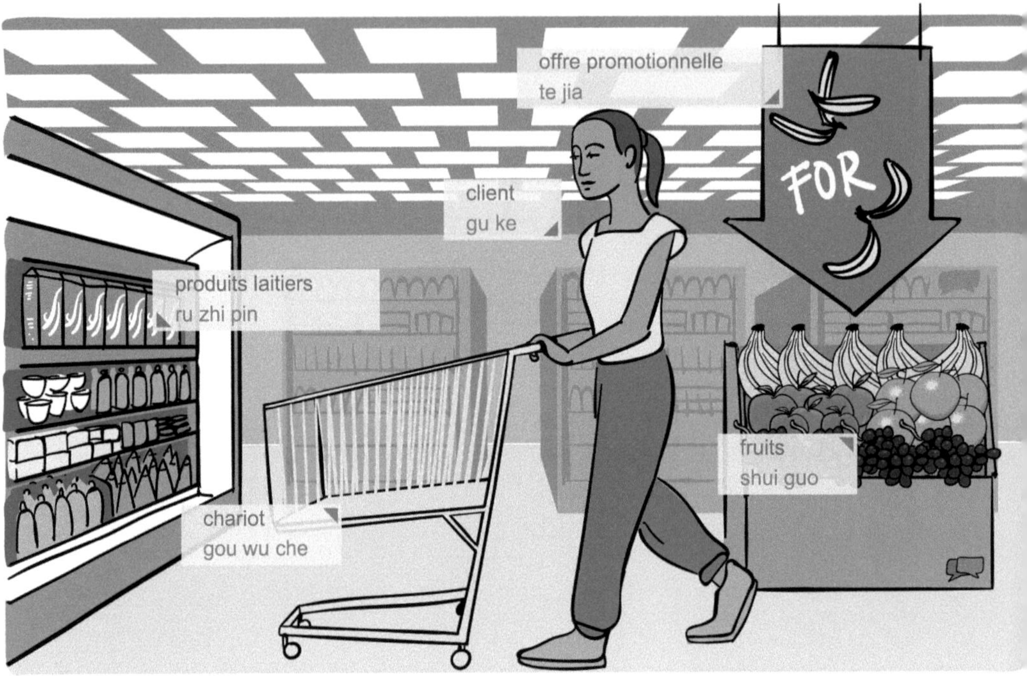

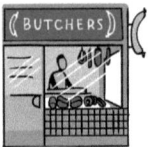

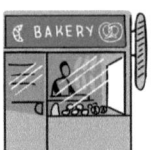

boulangerie

mian bao fang

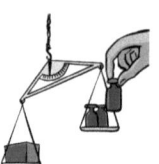

peser

cheng zhong

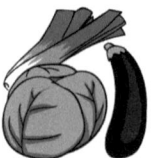

légumes

shu cai

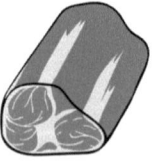

viande

rou

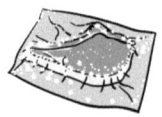

aliments surgelés

leng dong shi pin

charcuterie

leng pan

conserves

guan tou shi pin

poudre à lessive

xi yi fen

bonbons

tian shi

articles ménagers

ri yong pin

détergents

qing jie yong pin

vendeuse

xiao shou yuan

caisse

shou yin ji

caissier

shou yin yuan

liste d'achats

gou wu qing dan

heures d'ouverture

kai fang shi jian

portefeuille

qian bao

carte de crédit

xin yong ka

sac

dai zi

sac en plastique

su liao dai

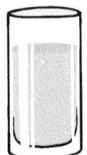

eau

shui

jus de fruit

guo zhi

lait

niu nai

coca

ke le

vin

hong jiu

bière

pi jiu

alcool

jiu

chocolat chaud

ke ke

thé

cha

café

ka fei

expresso

yi shi nong suo ka fei

cappuccino

ka bu qi nuo

banane

xiang jiao

pomme

ping guo

orange

cheng zi

melon

xi gua

citron

ning meng

carotte

hu luo bo

ail

da suan

bambou

zhu zi

oignon

yang cong

champignon

mo gu

noisettes

jian guo

pâtes

mian tiao

spaghetti

yi da li mian tiao

riz

mi fan

salade

sha la

pommes frites

shu tiao

pommes de terre rôties

zha tu dou

pizza

pi sa bing

hamburger

han bao bao

sandwich

san ming zhi

escalope

zha zhu pai

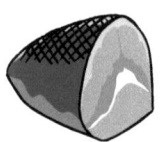

jambon

huo tui

salami

sa la mi

saucisse

xiang chang

poulet

ji rou

rôti

kao rou

poisson

yu

flocons d'avoine

yan mai pian

muesli

mu zi li

cornflakes

yu mi pian

farine

mian fen

croissant

yang jiao mian bao

petits-pains

mian bao juan

pain

mian bao

pain grillé

kao mian bao

biscuits

bing gan

beurre

huang you

le fromage blanc

ning ru

gâteau

dan gao

œuf

dan

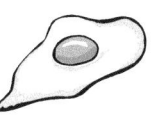

œuf au plat

jian dan

fromage

nai lao

glace

bing ji lin

sucre

tang

miel

feng mi

confiture

guo jiang

crème nougat

qiao ke li jiang

curry

ga li fan

ferme
nong chang

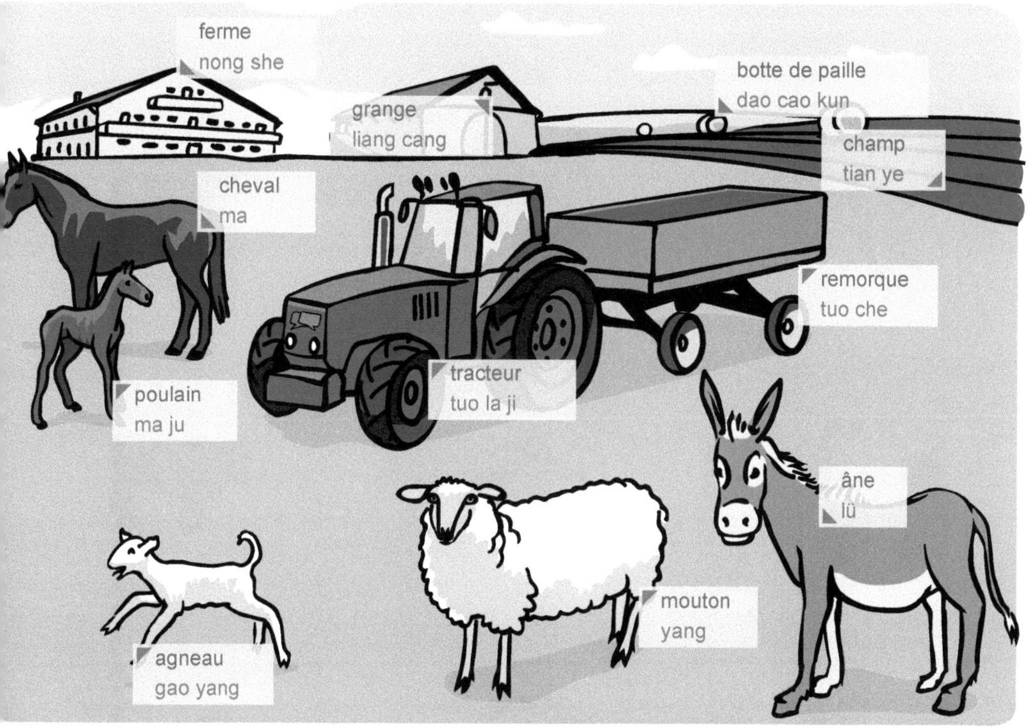
ferme
nong she
grange
liang cang
botte de paille
dao cao kun
champ
tian ye
cheval
ma
remorque
tuo che
tracteur
tuo la ji
poulain
ma ju
âne
lü
mouton
yang
agneau
gao yang

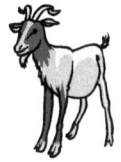

chèvre

shan yang

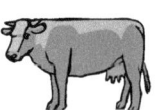

vache

nai niu

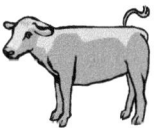

veau

niu du

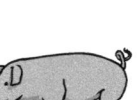

porc

zhu

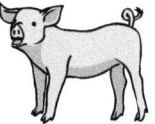

porcelet

xiao zhu

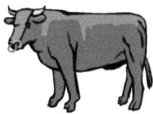

taureau

gong niu

oie

e

canard

ya

poussin

xiao ji

poule

mu ji

coq

gong ji

rat

shu

chat

mao

souris

lao shu

bœuf

niu

chien

gou

chenil

gou wu

tuyau de jardin

hua yuan jiao shui ruan guan

arrosoir

sa shui hu

faucheuse

chang bing da lian dao

charrue

li

faucille

lian dao

pioche

chu tou

fourche

chang bing cao pa

hache

fu tou

brouette

du lun shou tui che

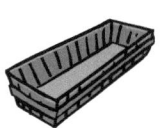

cuve

si liao cao

pot à lait

niu nai guan

sac

ma bu dai

clôture

zha lan

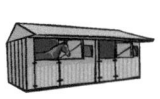

étable

ma jiu

serre

wen shi

sol

tu rang

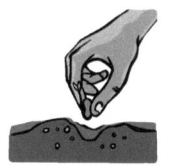

semences

zhong zi

engrais

fei liao

moissonneuse-batteuse

lian he shou ge ji

récolter

shou ge

récolte

shou ge

igname

shan yao

blé

xiao mai

soja

da dou

pomme de terre

tu dou

maïs

yu mi

colza

you cai zi

arbre fruitier

guo shu

manioc

shu shu

céréales

gu wu

maison
fang zi

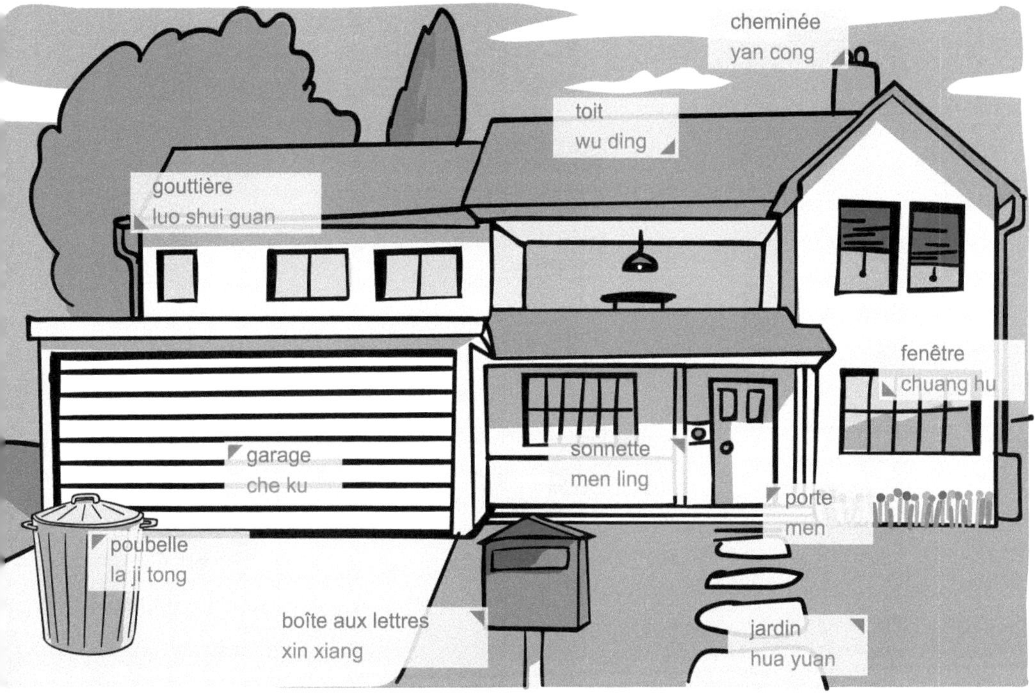
cheminée
yan cong
toit
wu ding
gouttière
luo shui guan
fenêtre
chuang hu
garage
che ku
sonnette
men ling
porte
men
poubelle
la ji tong
boîte aux lettres
xin xiang
jardin
hua yuan

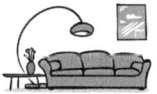

salon

ke ting

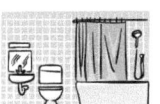

salle de bain

yu shi

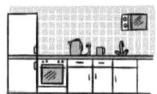

cuisine

chu fang

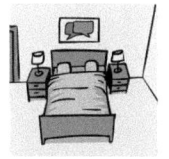

chambre à coucher

wo shi

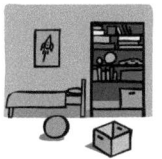

chambre d'enfant

er tong fang

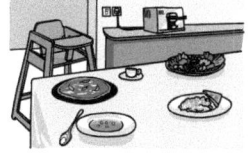

salle à manger

can ting

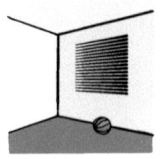

sol

di ban

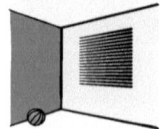

mur

qiang bi

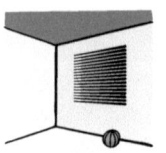

plafond

diao ding

cave

di jiao

sauna

sang na

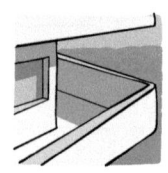

balcon

yang tai

terrasse

lu tai

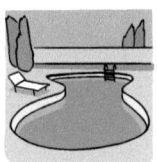

piscine

you yong chi

tondeuse à gazon

ge cao ji

housse

bei dan

couette

chuang zhao

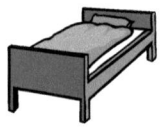

lit

chuang

balai

sao zhou

sceau

shui tong

interrupteur

kai guan

salon
ke ting

papier peint
bi zhi
image
zhao pian
lampe
tai deng
étagère
ge jia
armoire
chu gui
télé
dian shi ji
cheminée
bi lu
fleur
hua
coussin
dian zi
sofa
sha fa
vase
hua ping
télécommande
yao kong qi

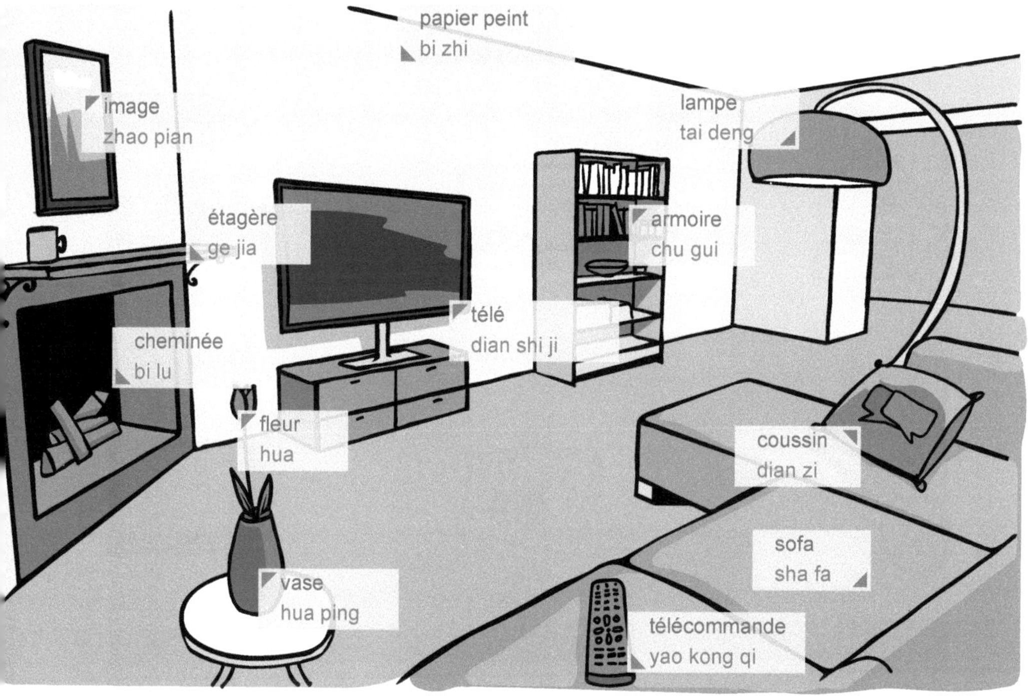

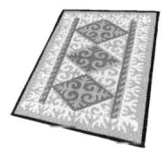

tapis

di tan

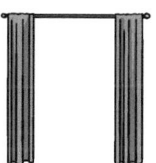

rideau

chuang lian

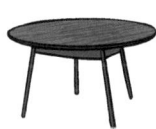

table

can zhuo

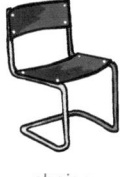

chaise

yi zi

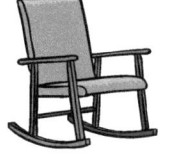

chaise à bascule

yao yi

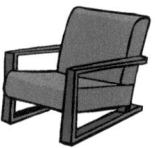

fauteuil

fu shou yi

livre

shu

couverture

tan zi

décoration

zhuang shi pin

bois de chauffage

mu chai

film

dian ying

chaîne hi-fi

gao bao zhen yin xiang

clé

yao shi

journal

bao zhi

peinture

you hua

poster

hai bao

radio

shou yin ji

bloc-notes

bi ji ben

aspirateur

xi chen qi

cactus

xian ren zhang

bougie

la zhu

cuisine
chu fang

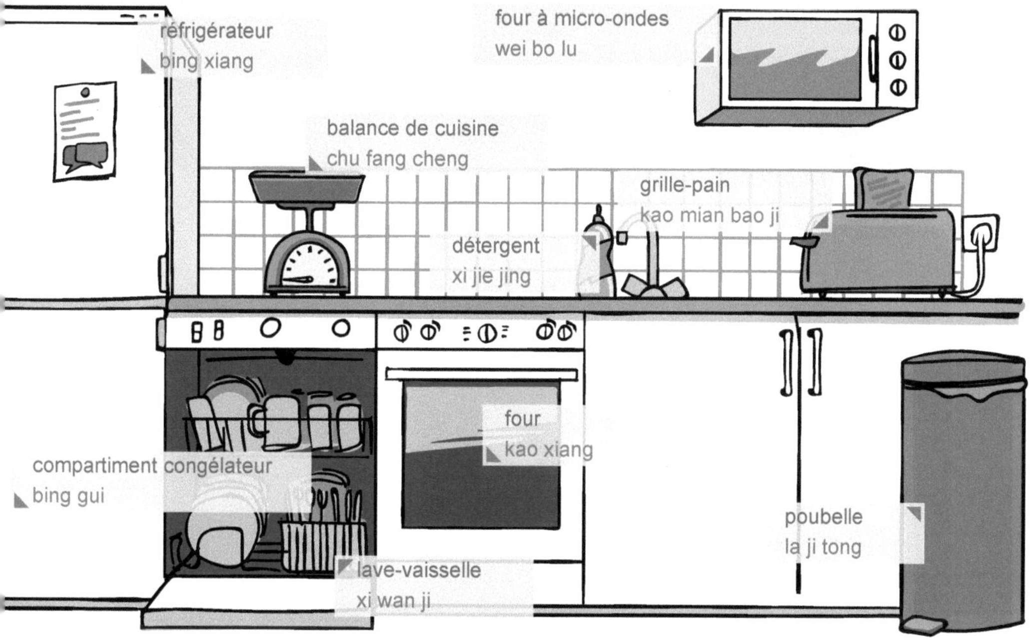

réfrigérateur
bing xiang
four à micro-ondes
wei bo lu
balance de cuisine
chu fang cheng
grille-pain
kao mian bao ji
détergent
xi jie jing
four
kao xiang
compartiment congélateur
bing gui
poubelle
la ji tong
lave-vaisselle
xi wan ji

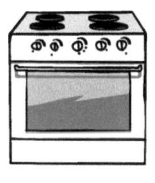

four

chui ju

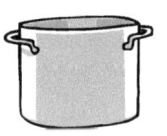

casserole

guo

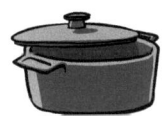

marmite

zhu tie guo

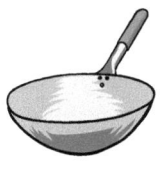

wok / kadai

sha guo

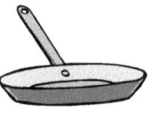

poêle

ping di guo

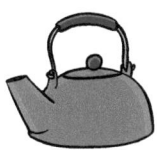

bouilloire electrique

shui hu

cuiseur vapeur

zheng guo

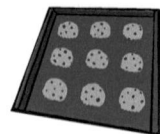

plaque de cuisson

kao pan

vaisselle

tao ci guo

gobelet

ma ke bei

coupe

wan

baguettes

kuai zi

louche

chang bing shao

spatule

chan zi

fouet

jiao ban qi

passoire

lü wang

tamis

shai zi

râpe

mo sui ji

mortier

yan bo

barbecue

shao kao

cheminée

ming huo

planche à découper
....
cai ban

rouleau à pâtisserie
....
gan mian zhang

tire-bouchon
....
kai ping qi

boîte
....
guan zi

ouvre-boîte
....
kai ping qi

maniques
....
ge re shou tao

lavabo
....
shui cao

brosse
....
shua zi

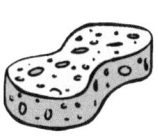

éponge
....
hai mian

mIxeur
....
jiao ban ji

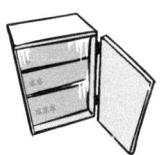

congélateur
....
leng cang xiang

biberon
....
nai ping

robinet
....
shui long tou

salle de bain

yu shi

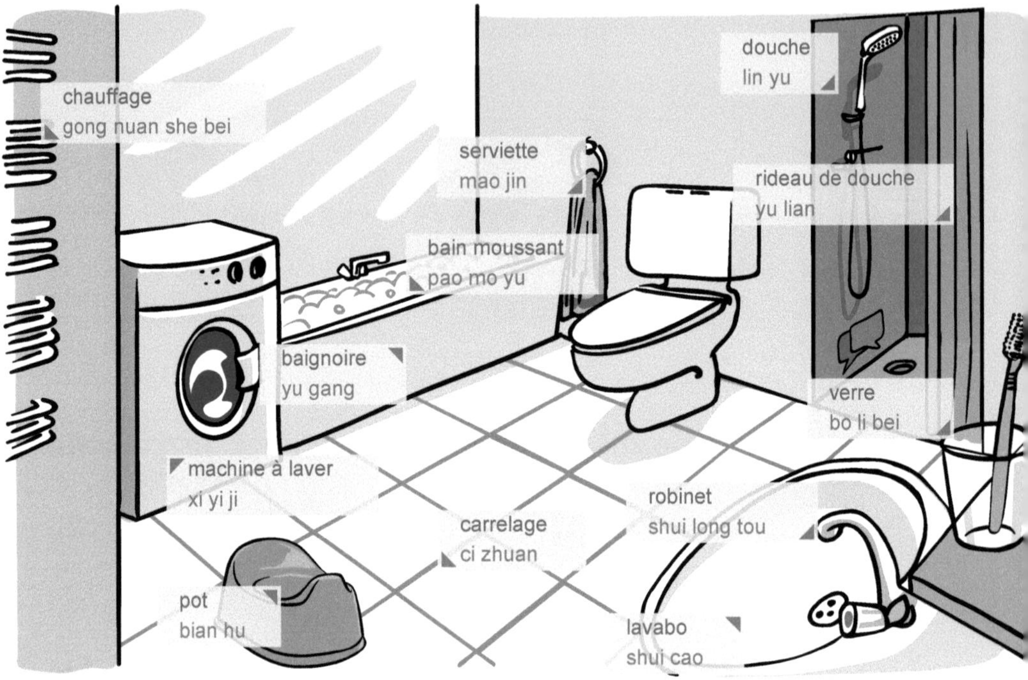

chauffage
gong nuan she bei
serviette
mao jin
douche
lin yu
rideau de douche
yu lian
bain moussant
pao mo yu
baignoire
yu gang
verre
bo li bei
machine à laver
xi yi ji
robinet
shui long tou
carrelage
ci zhuan
pot
bian hu
lavabo
shui cao

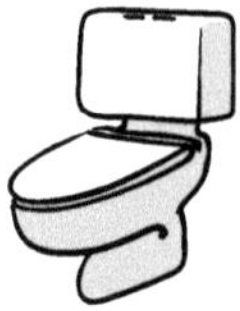

toilettes

ce suo

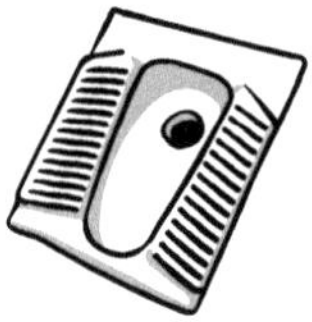

toilette à la turque

dun bian qi

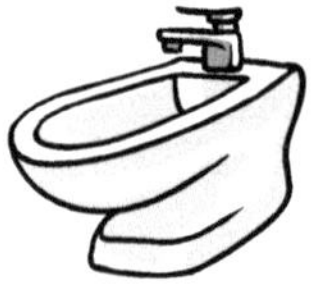

bidet

zuo yu qi

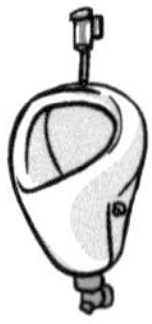

urinoir

xiao bian chi

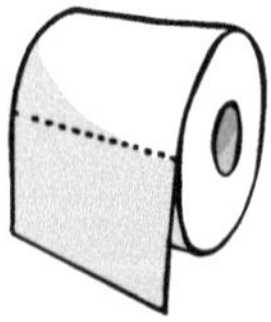

papier toilette

ce zhi

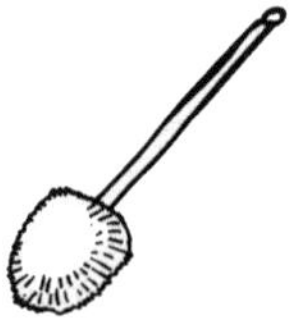

brosse à toilette

ma tong shua

brosse à dents

ya shua

dentifrice

ya gao

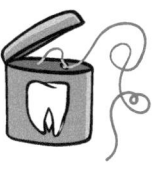

fil dentaire

ya xian

laver

xi

douche manuelle

shou chi shi pen lin tou

douche intime

chong xi qi

vasque

xi lian pen

brosse dorsale

ca bei shua

savon

fei zao

gel douche

mu yu lu

shampooing

xi fa shui

gant de toilette

fa lan rong

écoulement

pai shui

crème

ru shuang

déodorant

chu chou ji

miroir

jing zi

miroir cosmétique

shou jing

rasoir

ti xu dao

mousse à raser

ti xu pao mo

après-rasage

xu hou shui

peigne

shu zi

brosse

shua zi

sèche-cheveux

chui feng ji

laque pour cheveux

pen fa ding xing ji

fond de teint

hua zhuang pin

rouge à lèvres

chun gao

vernis à ongles

zhi jia you

ouate

hua zhuang mian

coupe-ongles

zhi jia jian

parfum

xiang shui

trousse de toilette

xi shu bao

tabouret

deng zi

pèse-personne

ji zhong cheng

peignoir

yu pao

gants de nettoyage

xiang jiao shou tao

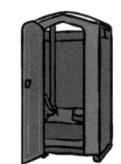

tampon

wei sheng mian tiao

serviettes hygiéniques

wei sheng jin

toilette chimique

hua xue ce suo

chambre d'enfant

er tong fang

réveil
nao zhong
doudou
mao rong wan ju
voiture jouet
wan ju che
hochet
bo lang gu
maison de poupée
wan ju wu
cadeau
li wu

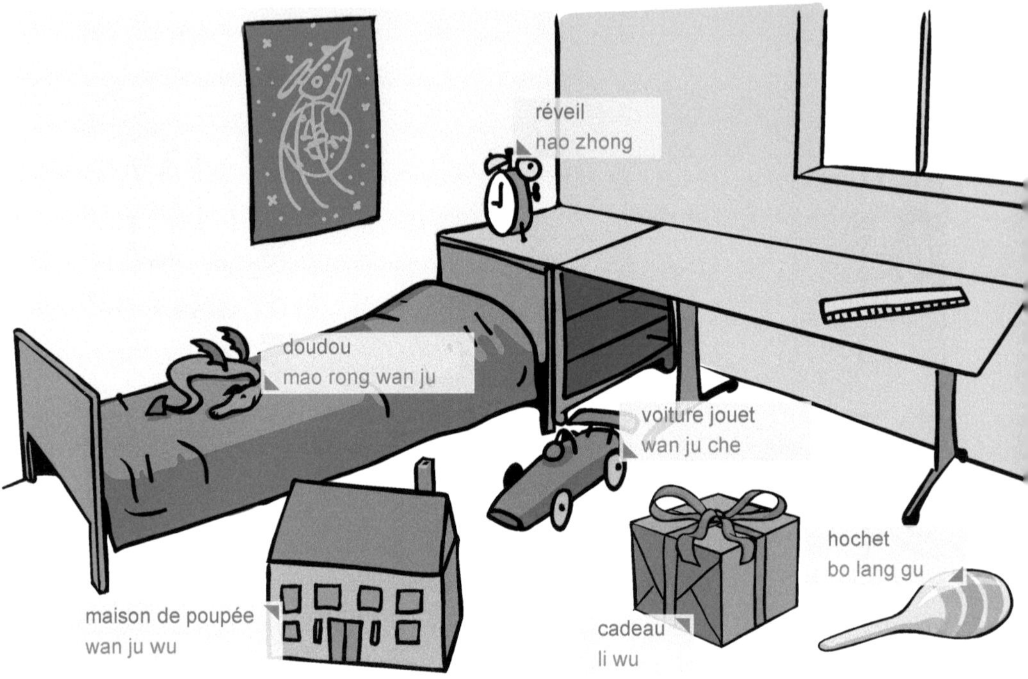

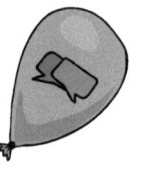

ballon

qi qiu

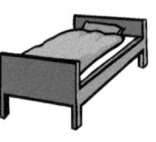

lit

chuang

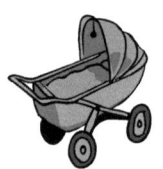

poussette

(yang wa wa yong)ying er che

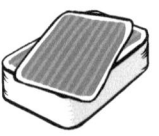

jeu de cartes

pu ke pai

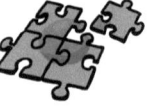

puzzle

pin tu

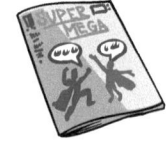

bande dessinée

man hua

pièces lego

le gao ji mu

blocs de construction

ji mu wan ju

figurine

wan ju ren

grenouillère

ying er fu

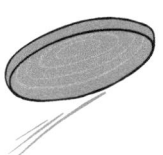

frisbee

fei pan

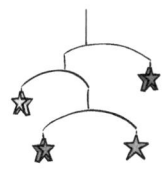

mobile

chuang ling wan ju

jeu de société

qi pan you xi

dé

shai zi

train miniature

huo che mo xing

sucette

an fu nai zui

fête

ju hui

livre d'images

hui ben

balle

qiu

poupée

yang wa wa

jouer

wan

bac à sable

sha keng

balançoire

qiu qian

jouets

wan ju

console de jeu

you xi ji

tricycle

san lun che

ours en peluche

tai di xiong

armoire

yi chu

vêtements

yi fu

chaussettes

wa zi

bas

chang wa

collant

jin shen ku

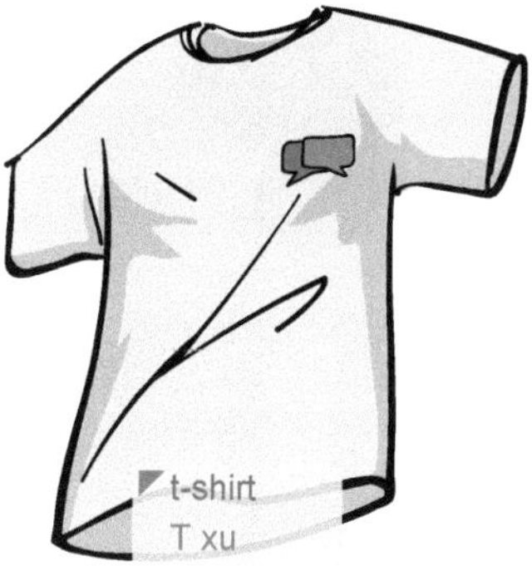

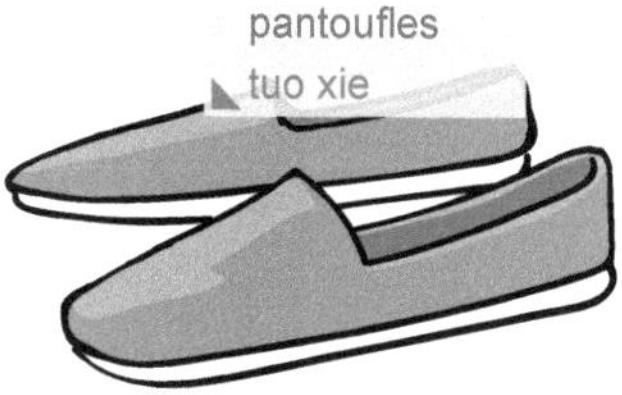

écharpe
wei jin

ceinture
pi dai

parapluie
yu san

t-shirt
T xu

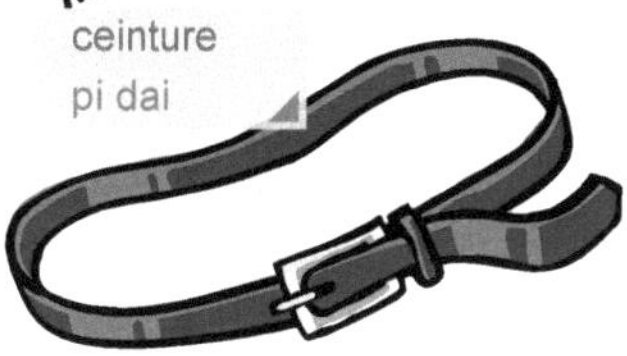

bottes
xue zi

pantoufles
tuo xie

baskets
yun dong xie

sandales
....
liang xie

chaussures
....
xie

bottes de caoutchouc
....
yu xue

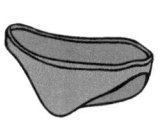

sous-vêtements
....
nei ku

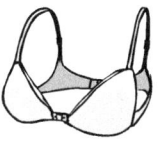

soutien-gorge
....
xiong zhao

maillot de corps
....
bei xin

body

shen ti

pantalon

ku zi

jean

niu zai ku

jupe

duan qun

chemisier

nü shi chen shan

chemise

chen shan

pull

tao tou shan

sweat à capuche

wei yi

veste

xi zhuang jia ke

veste

jia ke

manteau

wai tao

imperméable

yu yi

costume

tao zhuang

robe

lian yi qun

robe de mariée

hun sha

costume

xi zhuang

chemise de nuit

shui pao

pyjama

shui yi

sari

sha li

foulard

tou jin

turban

bao tou jin

burqa

bo ka

caftan

ka fu tan

abaya

(a la bo shi)chang pao

malllot de bain

yong yi

maillot de bain

nan shi yong ku

short

duan ku

tenue d'entraînement

yun dong fu

tablier

wei qun

gants

shou tao

bouton

niu kou

lunettes

yan jing

bracelet

shou lian

collier

xiang lian

bague

jie zhi

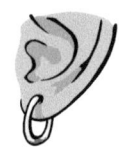

boucle d'oreille

er huan

bonnet

bian mao

cintre

yi jia

chapeau

mao zi

cravate

ling dai

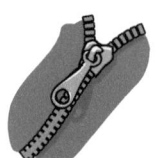

fermeture éclair

la lian

casque

tou kui

bretelles

bei dai

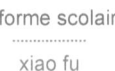

uniforme scolaire

xiao fu

uniforme

zhi fu

bavoir

wei dou

sucette

an fu nai zui

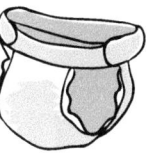

lange

niao bu shi

bureau
ban gong shi

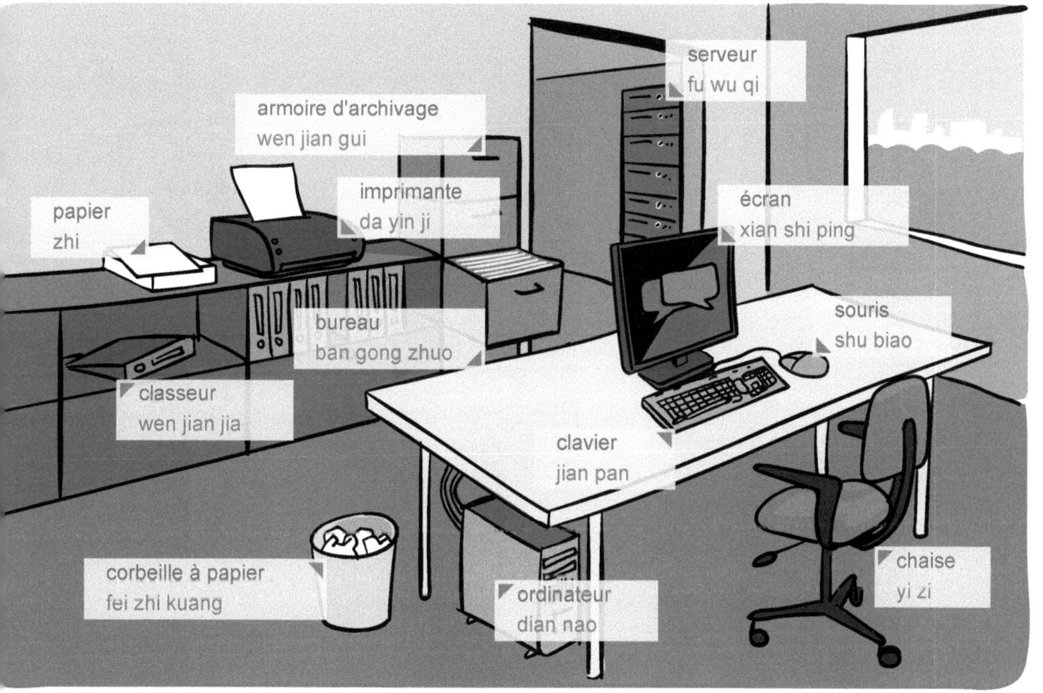

serveur
fu wu qi

armoire d'archivage
wen jian gui

imprimante
da yin ji

écran
xian shi ping

papier
zhi

souris
shu biao

bureau
ban gong zhuo

classeur
wen jian jia

clavier
jian pan

corbeille à papier
fei zhi kuang

chaise
yi zi

ordinateur
dian nao

tasse de café

ka fei bei

calculatrice

ji suan qi

internet

yin te wang

ordinateur portable

bi ji ben dian nao

lettre

xin jian

message

xiao xi

portable

shou ji

réseau

wang luo

photocopieuse

fu yin ji

logiciel

ruan jian

téléphone

dian hua

prise

cha zuo

fax

chuan zhen ji

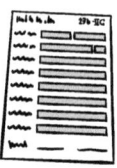

formulaire

biao ge

document

wen jian

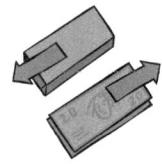

acheter

mai

payer

fu qian

faire du commerce

jiao yi

monnaie

xian jin

dollar

mei yuan

euro

ou yuan

yen

ri yuan

rouble

lu bu

franc suisse

rui shi fa lang

renminbi yuan

ren min bi

roupie

lu bi

distributeur automatique

ti kuan chu

bureau de change

wai bi dui huan chu

or

jin

argent

yin

pétrole

shi you

énergie

neng yuan

prix

jia ge

contrat

he tong

taxe

shui jin

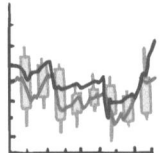

action

gu piao

travailler

gong zuo

employé

zhi yuan

employeur

lao ban

usine

gong chang

magasin

shang dian

professions

zhi ye

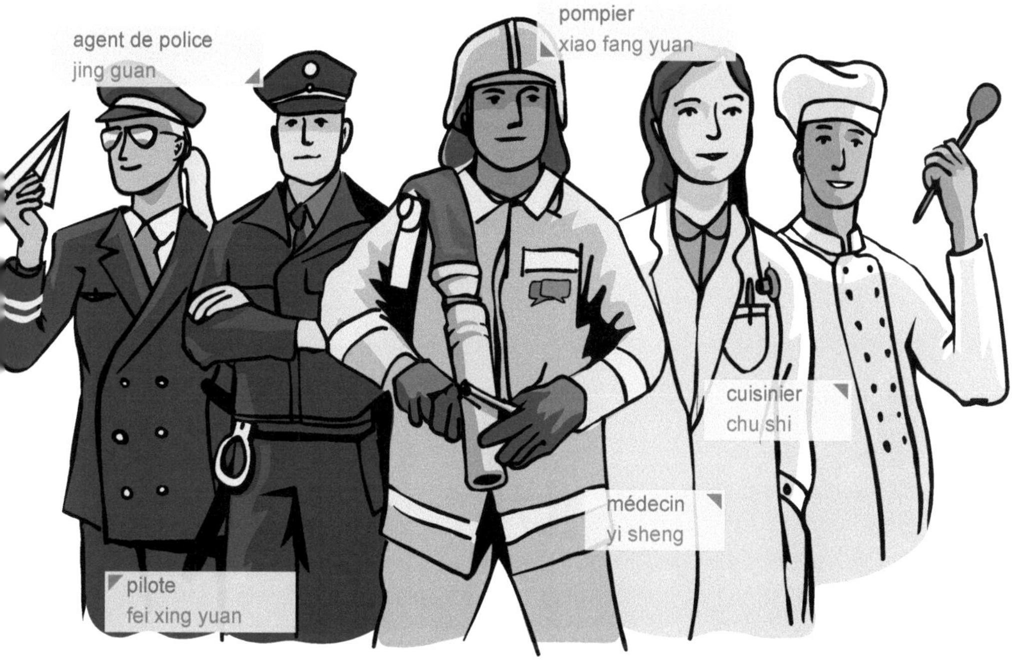

agent de police
jing guan
pompier
xiao fang yuan
cuisinier
chu shi
médecin
yi sheng
pilote
fei xing yuan

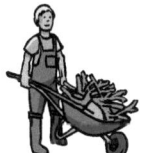

jardinier

yuan ding

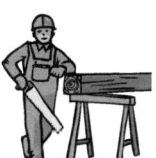

menuisier

mu jiang

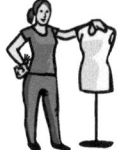

couturière

cai feng

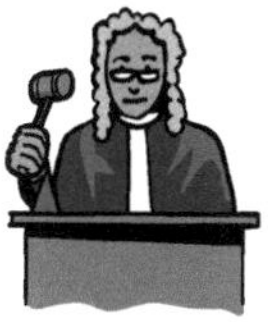

juge

fa guan

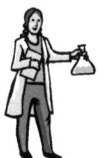

chimiste

hua xue jia

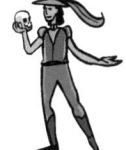

acteur

yan yuan

conducteur de bus

gong jiao che si ji

chauffeur de taxi

chu zu che si ji

pêcheur

yu fu

femme de ménage

qing jie nü gong

couvreur

wu ding gong

serveur

fu wu yuan

chasseur

lie ren

peintre

hua jia

boulanger

mian bao shi

électricien

dian gong

ouvrier

jian zhu gong ren

ingénieur

gong cheng shi

boucher

tu fu

plombier

shui guan gong

facteur

you di yuan

soldat

shi bing

architecte

jian zhu shi

caissier

shou yin yuan

fleuriste

hua nong

coiffeur

li fa shi

contrôleur

shou piao yuan

mécanicien

ji xie shi

capitaine

chuan zhang

dentiste

ya yi

scientifique

ke xue jia

rabbin

la bi

imam

yi ma mu

moine

he shang

prêtre

mu shi

outils
gong ju

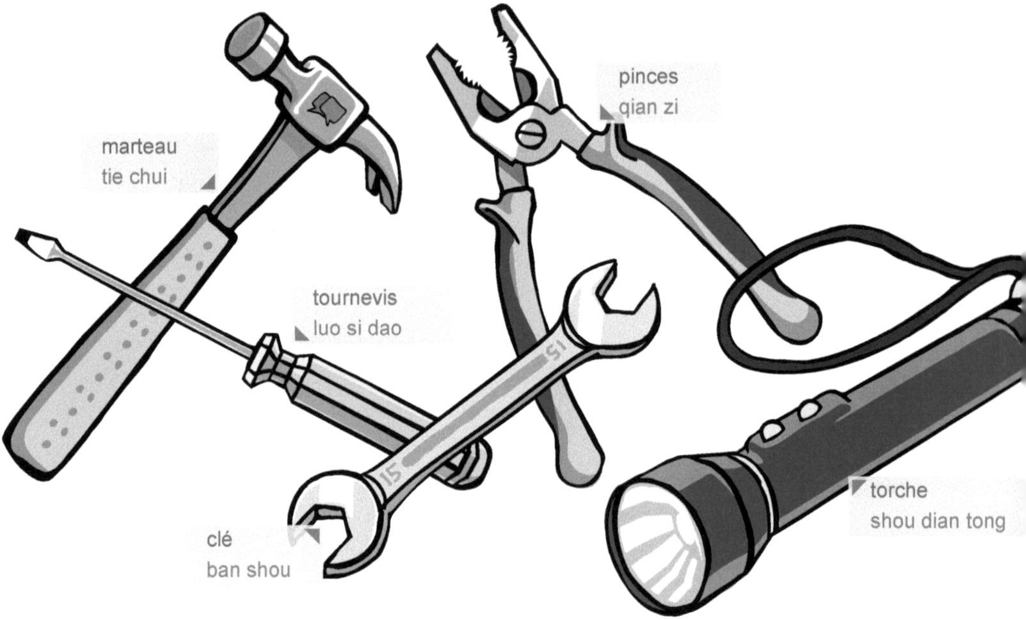

marteau
tie chui
pinces
qian zi
tournevis
luo si dao
clé
ban shou
torche
shou dian tong

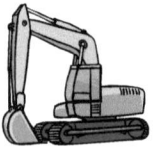

pelleteuse

wa jue ji

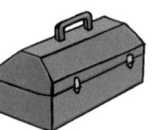

boîte à outils

gong ju xiang

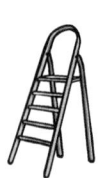

échelle

ti zi

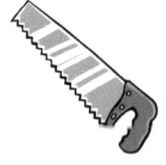

scie

ju zi

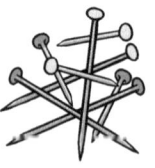

clous

ding zi

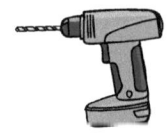

perceuse

zuan ji

réparer

xiu

pelle

chan zi

Mince !

kao!

pelle

bo ji

pot de peinture

you qi tong

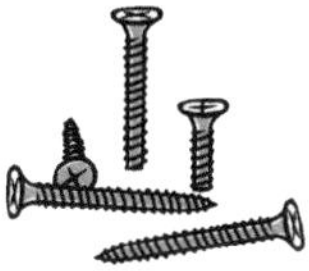

vis

luo si

instruments de musique

yue qi

haut-parleurs
yang sheng qi

batterie
da ji yue qi

guitare
ji ta

contrebasse
di yin ti qin

trompette
xiao hao

piano

gang qin

violon

xiao ti qin

basse

bei si

timbales

ding yin gu

tambour

gu

piano électrique

dian zi qin

saxophone

sa ke si guan

flûte

chang di

microphone

mai ke feng

zoo
dong wu yuan

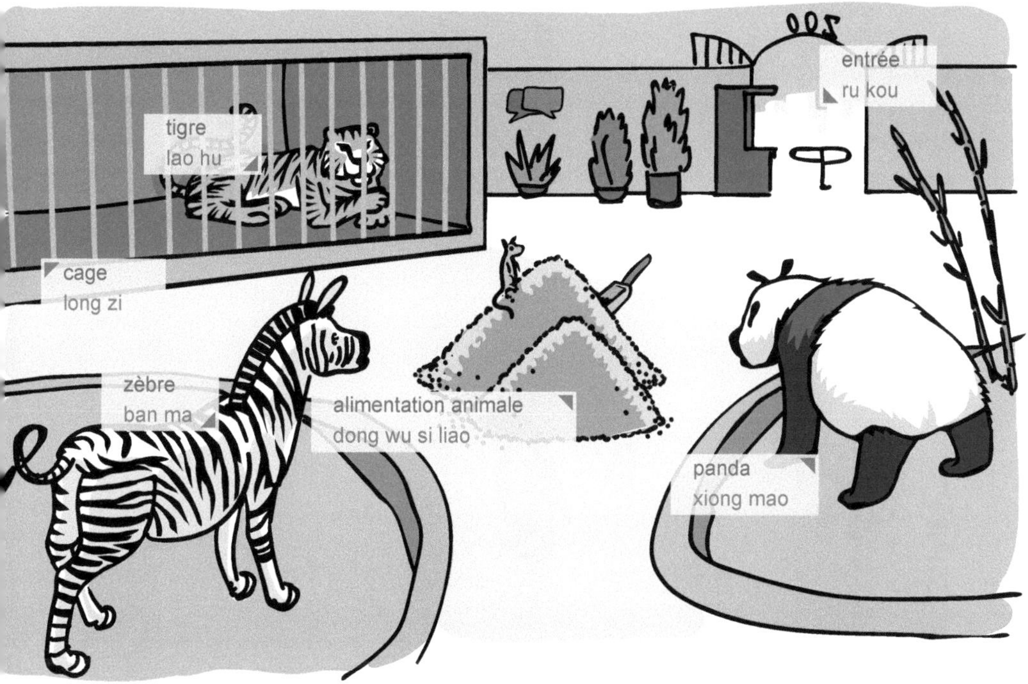
zoo
entrée
ru kou
tigre
lao hu
cage
long zi
zèbre
ban ma
alimentation animale
dong wu si liao
panda
xiong mao

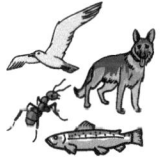

animaux
dong wu

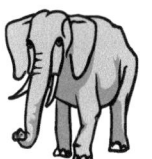

éléphant
da xiang

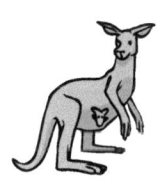

kangourou
dai shu

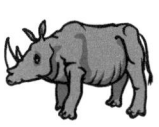

rhinocéros
xi niu

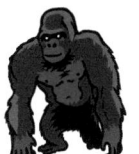

gorille
da xing xing

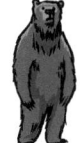

ours
xiong

chameau

luo tuo

autruche

tuo niao

lion

shi zi

singe

hou zi

flamand rose

huo lie niao

perroquet

ying wu

ours polaire

bei ji xiong

pingouin

qi e

requin

sha yu

paon

kong que

serpent

she

crocodile

e yu

gardien de zoo

dong wu yuan guan li yuan

phoque

hai bao

jaguar

mei zhou bao

poney

ai zhong ma

léopard

bao

hippopotame

he ma

girafe

chang jing lu

aigle

lao ying

sanglier

ye zhu

poisson

yu

tortue

gui

morse

hai xiang

rcnard

hu li

gazelle

ling yang

american Football
gan lan qiu

cyclisme
qi zi xing che

tennis
wang qiu

basket-ball
lan qiu

natation
you yong

hockey sur glace
bing qiu

boxe
quan ji

football
ying shi zu qiu

badminton
yu mao qiu

athlétisme
tian jing

handball
shou qiu

ski
hua xue

polo
ma qiu

rire
xiao

sauter
tiao

embrasser
yong bao

marcher
zou lu

chanter
chang

rêver
zuo meng

prier
qi dao

faire la bise
qin wen

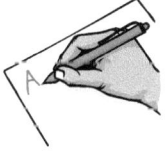

écrire
shu xie

dessiner
hua

montrer
zhan shi

pousser
tui

donner
gei

prendre
na

avoir

you

faire

zuo

être

dang

être debout

zhan

courir

pao

trier

la

jeter

reng

tomber

shuai dao

être couché

tang

attendre

deng dai

porter

xie dai

être assis

zuo

s'habiller

chuan yi

dormir

shui jiao

se réveiller

xing lai

regarder

kan

pleurer

ku

caresser

fu mo

peigner

shu tou

parler

jiao tan

comprendre

ming bai

demander

wen

écouter

ting

boire

he

manger

chi

ranger

qing li

aimer

ai

cuire

zuo fan

conduire

kai che

voler

fei

faire de la voile

hang xing

calculer

ji suan

lire

du

apprendre

xue xi

travailler

gong zuo

se marier

jie hun

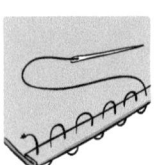

coudre

feng

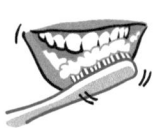

brosser les dents

shua ya

tuer

sha

fumer

chou yan

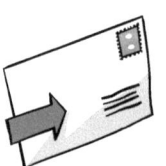

envoyer

ji

grand-mère
zu mu

grand-père
zu fu

père
fu qin

mère
mu qin

bébé
ying tong

fille
nü er

fils
er zi

hôte

ke ren

tante

a yi

oncle

shu shu

frère

xiong di

sœur

jie mei

corps
shen ti

front
qian e
œil
yan jing
épaule
jian bang
doigt
shou zhi
visage
lian
menton
xia ba
main
shou
jambe
tui
poitrine
ru fang
bras
shou bi

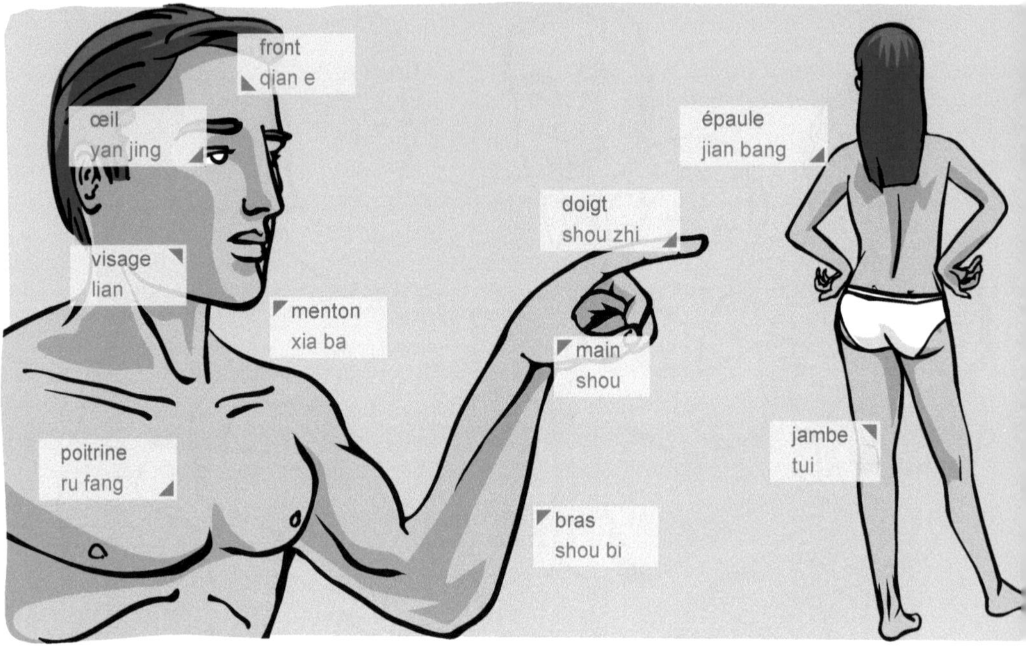

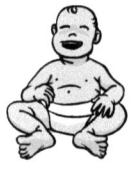

bébé
ying tong

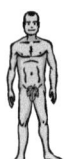

homme
nan ren

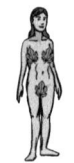

femme
nü ren

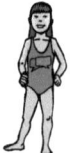

fille
nü hai

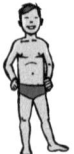

garçon
nan hai

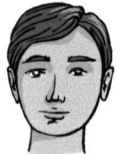

tête
tou

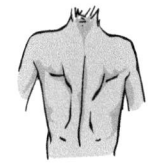

dos

bei bu

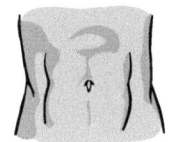

ventre

du zi

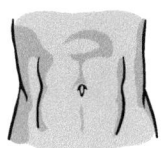

nombril

du qi

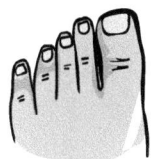

orteil

jiao zhi

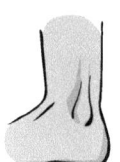

talon

jiao hou gen

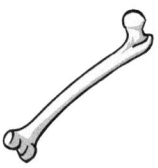

os

gu tou

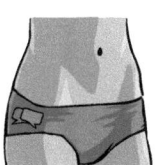

hanche

tun bu

genou

xi gai

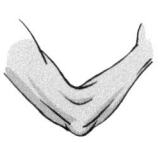

coude

shou zhou

nez

bi zi

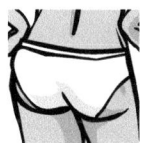

fesses

pi gu

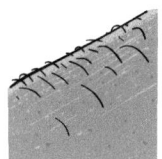

peau

pi fu

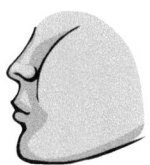

joue

lian jia

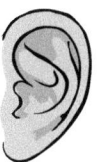

oreille

er duo

lèvre

zui chun

bouche

zui

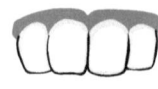

dent

ya chi

langue

she tou

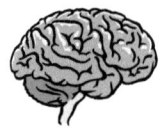

cerveau

nao

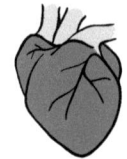

cœur

xin zang

muscle

ji rou

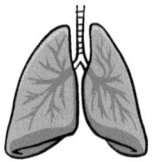

poumons

fei

foie

gan zang

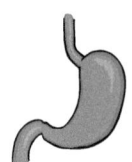

estomac

wei

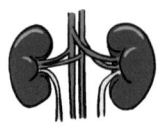

reins

shen zang

rapport sexuel

xing jiao

préservatif

bi yun tao

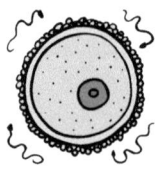

ovule

luan zi

sperme

jing zi

grossesse

huai yun

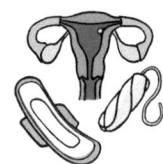

menstruation

....

yue jing

vagin

....

yin dao

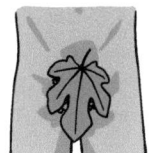

pénis

....

yin jing

sourcil

....

mei mao

cheveux

....

tou fa

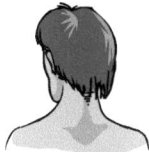

cou

....

bo zi

hôpital
yi yuan

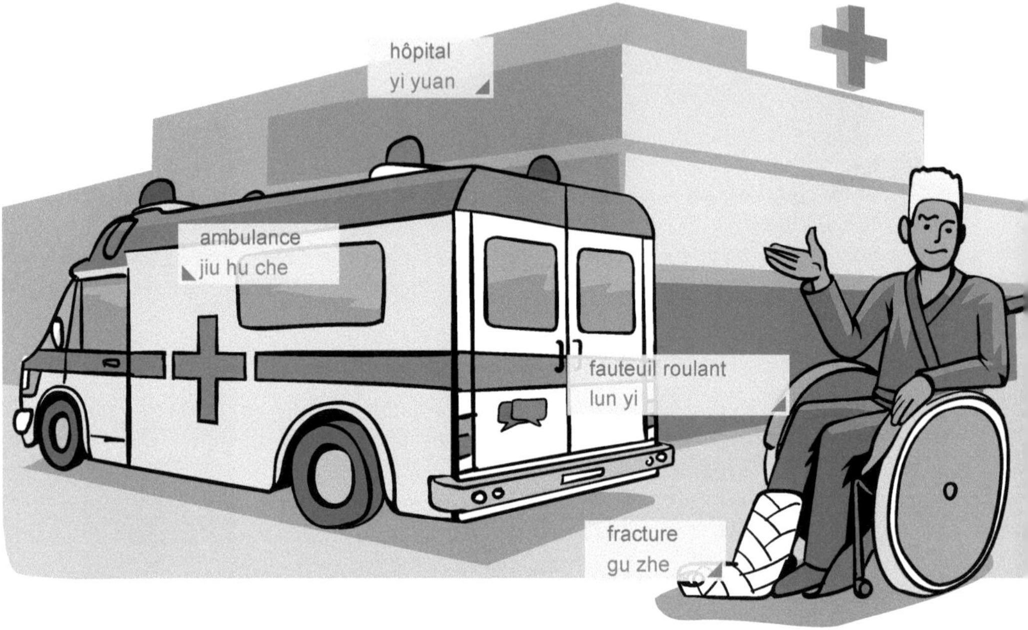

hôpital
yi yuan
ambulance
jiu hu che
fauteuil roulant
lun yi
fracture
gu zhe

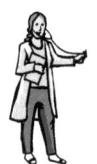

médecin
yi sheng

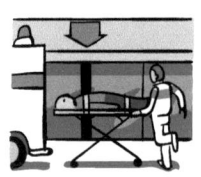

service des urgences
ji zhen shi

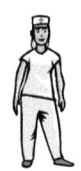

infirmière
hu shi

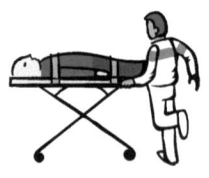

urgence
jin ji qing kuang

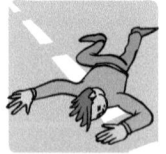

inconscient
hun mi

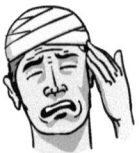

douleur
tong

blessure

shou shang

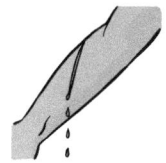

hémorragie

chu xue

crise cardiaque

xin zang bing fa zuo

attaque cérébrale

zhong feng

allergie

guo min

toux

ke sou

fièvre

fa shao

grippe

liu gan

diarrhée

fu xie

mal de tête

tou tong

cancer

ai zheng

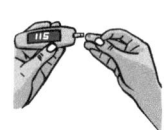

diabète

tang niao bing

chirurgien

wai ke yi sheng

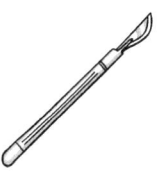

scalpel

shou shu dao

opération

shou shu

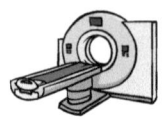

CT

CT

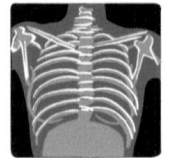

radiographie

X guang

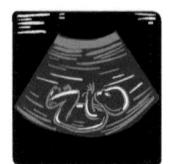

échographie

chao sheng bo

masque

kou zhao

maladie

ji bing

salle d'attente

hou zhen shi

béquille

guai zhang

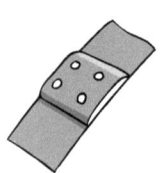

pansement

shi gao

pansement

beng dai

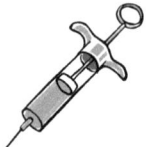

injection

zhu she

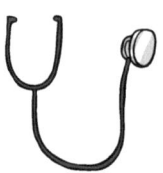

stéthoscope

ting zhen qi

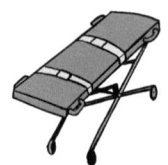

brancard

dan jia

thermomètre

ti wen ji

accouchement

chu sheng

surcharge pondérale

chao zhong

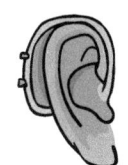

appareil auditif

zhu ting qi

désinfectant

xiao du ye

infection

gan ran

virus

bing du

VIH / sida

ai zi bing

médicament

yao wu

vaccination

jie zhong yi miao

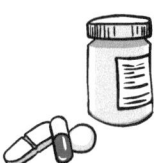

comprimés

yao pian

pilule

yao wan

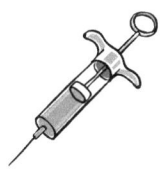

appel d'urgence

ji jiu dian hua

tensiomètre

xue ya ji

malade / sain

sheng bing/jian kang

Au secours !

jiu ming!

alarme

jing bao

assaut

tu ji

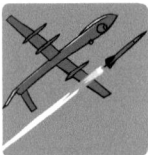

attaque

gong ji

danger

wei xian

sortie de secours

jin ji chu kou

Au feu!

zhao huo la!

extincteur

mie huo qi

accident

yi wai

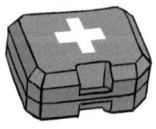

trousse de premier secours

ji jiu xiang

SOS

hu jiu xin hao

police

jing cha

Europe

ou zhou

Amérique du Nord

bei mei zhou

Amérique du Sud

nan mei zhou

Afrique

fei zhou

Asie

ya zhou

Australie

ao zhou

Océan atlantique

da xi yang

Océan pacifique

tai ping yang

Océan indien

yin du yang

Océan antarctique

nan bing yang

Océan arctique

bei bing yang

pôle nord

bei ji

pôle sud

nan ji

Antarctique

nan ji zhou

terre

di qiu

pays

lu di

mer

hai

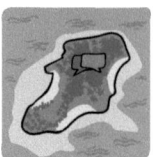

île

dao

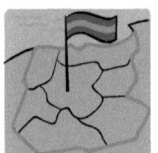

nation

guo jia

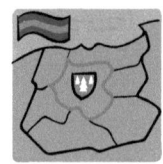

état

guo jia

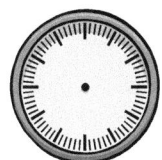

cadran

zhong mian

aiguille des heures

shi zhen

aiguille des minutes

fen zhen

aiguille des secondes

miao zhen

Quelle heure est-il ?

xian zai ji dian?

jour

tian

temps

shi jian

maintenant

xian zai

montre digitale

dian zi biao

minute

fen

heure

shi

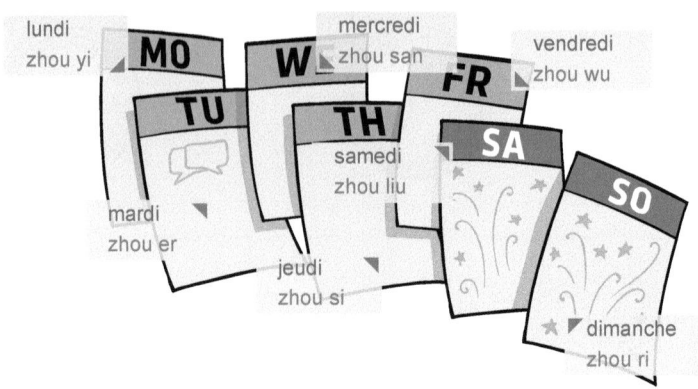

lundi
zhou yi

mercredi
zhou san

vendredi
zhou wu

mardi
zhou er

samedi
zhou liu

jeudi
zhou si

dimanche
zhou ri

hier

zuo tian

aujourd'hui

jin tian

demain

ming tian

matin

zao chen

midi

zhong wu

soir

wan shang

jours ouvrables

gong zuo ri

week-end

zhou mo

année
nian

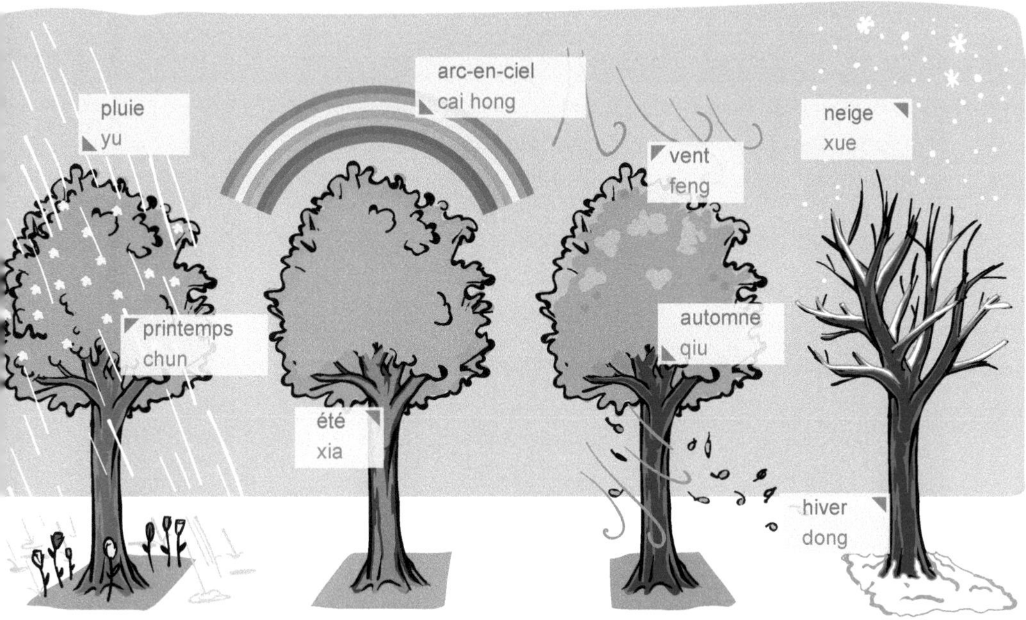

pluie
yu
arc-en-ciel
cai hong
neige
xue
vent
feng
printemps
chun
automne
qiu
été
xia
hiver
dong

4.APRIL 11°
5.APRIL 4°
6.APRIL 13°
7.APRIL 8°
8.APRIL 10°

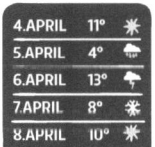

météo

tian qi yu bao

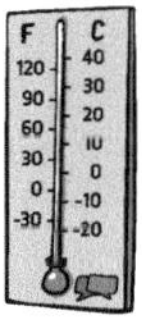

F C
120 40
90 30
60 20
30 10
0 0
-30 -10
-20

thermomètre

wen du ji

lumière du soleil

yang guang

nuage

yun

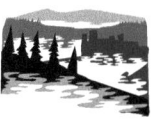

brouillard

wu

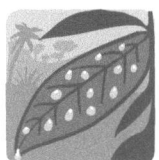

humidité

chao shi

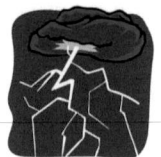

foudre

shan dian

tonnerre

da lei

tempête

feng bao

grêle

bing bao

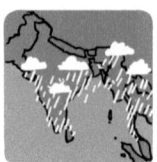

mousson

ji feng

inondation

hong shui

glace

bing

janvier

yi yue

février

er yue

mars

san yue

avril

si yue

mai

wu yue

juin

liu yue

juillet

qi yue

août

ba yue

année - nian

septembre

jiu yue

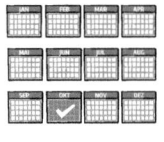

octobre

shi yue

novembre

shi yi yue

décembre

shi er yue

formes

xing zhuang

cercle

yuan xing

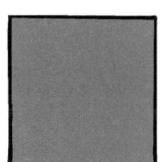

carré

zheng fang xing

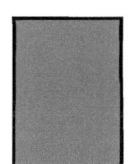

rectangle

chang fang xing

triangle

san jiao xing

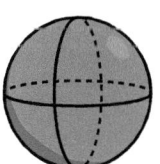

sphère

qiu ti

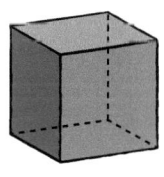

cube

li fang ti

blanc

bai

jaune

huang

orange

cheng

rose

fen

rouge

hong

violet

zi

bleu

lan

vert

lü

marron

zong

gris

hui

noir

hei

beaucoup / peu

hen duo/shao xu

fâché / calme

sheng qi/ping jing

joli / laid

mei/chou

début / fin

shou/wei

grand / petit

da/xiao

clair / obscure

ming/an

frère / soeur

xiong di/jie mei

propre / sale

gan jing/ang zang

complet / incomplet

wan zheng/que shi

jour / nuit

bai tian/wan shang

mort / vivant

si/sheng

large / étroit

kuan/zhai

comestible / incomestible

ke shi yong/fei shi yong

méchant / gentil

xie e/shan liang

excité / ennuyé

xing fen/wu liao

gros / mince

pang/shou

premier / dernier

di yi/zui hou

ami / ennemi

peng you/di ren

plein / vide

man/kong

dur / souple

ying/ruan

lourd / léger

zhong/qing

faim / soif

e/ke

malade / sain

sheng bing/jian kang

illégal / légal

fei fa/he fa

intelligent / stupide

cong ming/yu ben

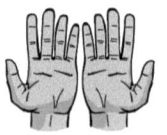

gauche / droite

zuo/you

proche / loin

jin/yuan

nouveau / usé

xin/jiu

rien / quelque chose

mei you/you xie

vieux / jeune

lao/you

marche / arrêt

kai/guan

ouvert / fermé

da kai/he shang

faible / fort

an jing/chao nao

riche / pauvre

fu/qiong

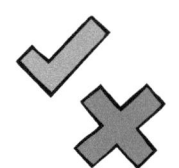

correct / incorrect

dui/cuo

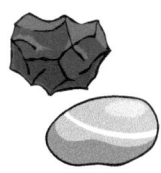

rugueux / lisse

cu cao/guang hua

triste / heureux

shang xin/gao xing

court / long

duan/chang

lent / rapide

man/kuai

mouillé / sec

shi/gan

chaud / froid

wen nuan/liang shuang

guerre / paix

zhan zheng/he ping

nombres
shu zi

0

zéro

ling

1

un / une

yi

2

deux

er

3

trois

san

4

quatre

si

5

cinq

wu

6

six

liu

7

sept

qi

8

huit

ba

9

neuf

jiu

10

dix

shi

11

onze

shi yi

12

douze

shi er

13

treize

shi san

14

quatorze

shi si

15

quinze

shi wu

16

seize

shi liu

17

dix-sept

shi qi

18

dix-huit

shi ba

19

dix-neuf

shi jiu

20

vingt

er shi

100

cent

bai

1.000

mille

qian

1.000.000

million

bai wan

anglais

ying yu

anglais américain

mei shi ying yu

chinois mandarin

pu tong hua

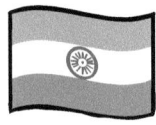

hindi

yin di yu

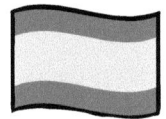

espagnol

xi ban ya yu

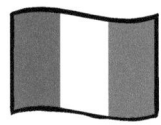

français

fa yu

arabe

a la bo yu

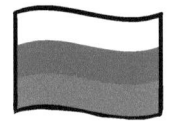

russe

e yu

portugais

pu tao ya yu

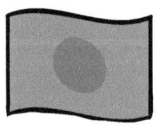

bengali

feng jia la yu

allemand

de yu

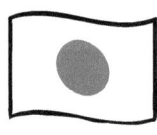

japonais

ri yu

je
......
wo

tu
......
ni

il / elle / ce, c', cela
......
ta/ta/ta

nous
......
wo men

vous
......
ni men

ils / elles
......
ta men

Qui ?
......
shei?

Quoi ?
......
shen me?

Comment ?
......
zen yang?

Où ?
......
na li?

Quand ?
......
shen me shi hou?

HELLO, I AM

nom
......
ming zi

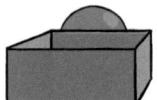

derrière

hou mian

dans

li mian

devant

qian mian

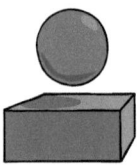

au-dessus

shang fang

sur

shang mian

en-dessous

xia mian

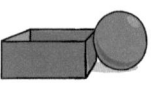

à côté de

pang bian

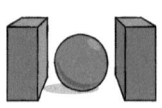

entre

zhong jian

lieu

di dian